U0002397

在這只有一次的人生中，
活出你想要的樣子

想做什麼就去做

ほんとうは、なくてもいいもの

齋名智子｜著　周奕君｜譯

在河流中滾動磨擦的石頭，
經過漫長的時日，形狀變得愈來愈圓。
那些生命中不需要的東西，慢慢被歲月磨去，
人生變得愈來愈圓融。

我也像那河灘上的石頭一樣，嚮往著一顆圓融的心。
不去攻擊或否定別人，也不從眾孤立別人。
隨時保持一顆柔軟而溫暖的心，但仍懷抱著堅定的意志。

那就是圓融的心。

為了擁有這顆心，我開始認真思考。
想要活出真實的自己，以圓融的心過一生，
就要先找出，什麼是看似理所當然，
實際上卻是人生中少了也沒關係的東西？

前言

首先，謝謝大家拿起本書。

我叫齋名智子，是瑜伽與引導冥想專家，平常也從事諮商與治療的工作。

不過，或許有些前來諮商的人一看到我會很驚訝。我就先向大家揭曉答案吧，直到最近，我都還是以「心屋智子」這個名字活躍在相關領域。

然而出於某個契機，我決定邁向「全新的人生」。我在書中會向大家交代整件事的來龍去脈。

於是，我心念一轉，改以「齋名智子」的身分站上人生全新的起跑點。

本書是在我臨近四十歲後半，在偶然機緣下邁向新人生的「重啟人生之書」。

對於人生和我一樣走到轉彎處，或是想要重新審視人生、覺得努力得不到回報、對生活感到不滿、好久沒發自內心微笑的你，我認為這本書也能讓你「心念一轉」，踏上全新的人生。

這本書的日文書名叫做《ほんとうは、なくてもいいもの》（丟了也沒關係的東西），其實換個說法就是「現在只想好好珍惜的事」。

關於這一點，我在第二章會向大家進一步簡單說明。

「人生中不需要的，丟了也沒關係」，只要願意放下那些生命中少了也不打緊的東西，內心更加堅定地「珍惜想要珍惜的事物」。我深相，你的人生肯定會綻放出不同於以往的璀璨光芒。

不過，光是從「人生中不需要的，丟了也沒關係」這句話字面上來看，一切似乎很理所當然；但我所說的是為了獲得幸福人生，那些人生中不須要做的事。

如果要舉例，就像是其實沒辦法讓任何人感到幸福的「體貼」吧。

比如在健身房對正在舉啞鈴做重訓的男性說：「看起來好重，要幫忙嗎？」或是對努力寫功課的孩子說：「題目很難吧，我告訴你答案吧！」都會造成對方的困擾吧（笑）。

當然你是出於一番好意，但要是因此讓對方感到困擾，那可就是本末倒置了。

所以，我們要跨出的第一步就是：從自己的人生中找出「不需要的事物」，然後鼓起勇氣丟掉它。

與此同時，還要緊緊抓住「你想要珍惜的事物」。

如此一來，你就會像經過湍急河水沖刷後變得愈來愈圓潤的石頭一樣，逐漸從身上削平磨除那些不需要的事物，內心的本質才能真正散發出光輝來。

人生只有一次。

不管別人怎麼說，人生都只有一次。

在這只有一次的人生中，希望你可以活出自我。

而我想將這本書化為鼓勵，為這樣的你打氣。

齋名智子

目次 Contents

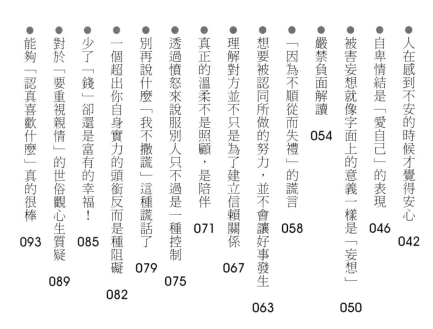

CHAPTER 2

只想珍惜這件事

CHAPTER 1

少了也沒關係的
東西

渾身是傷的人對自己說「我想幫助你」，只會讓人困擾

我幾乎不會對別人伸出援手。

當然，並不是說「我是個冷漠的傢伙」。

我會有意識地克制自己無條件向他人「伸出援手」的念頭。「伸出援手」除了是幫助外，還可能會剝奪對方學習的可能性。而我們是出於「認同欲求」才伸出援手。

例如我們可能會因為自我意識，或是想要突破往前跨出一步的心理，而忽略了對方本身所具有的翻轉、甚至創造新局面的能力。

說得更直接一點，「盡我所能來幫助別人！」乍聽之下似乎是為了幫對方解決問題，但實際上根本不是替對方著想。

我們在伸出援手的過程中，其實眼中都只有「想要幫助」對方、擅自認定對方是弱者，並且擺出高姿態的自己。

所以我們要做的，絕不是對任何事都「伸出援手」。

但是，我所呼籲的「不伸出援手」，背後也隱含著「支持」的意思。

而我之所以「支持」，正是因為我相信眼前這個人的可能性。

請試著找出並放大對方的優點。

這樣的支持，無論對對方或是自己而言，就如同字面上的意義一樣，能長久地成為「支撐」對方內心的力量。

所以我們不是要伸出援手，而是要成為對方的支柱。

那麼，怎麼做才能成為對方的支柱？

最重要的是要先讓自己的身心感到安穩滿足。

如果眼前站著一個渾身是傷還流血的人對你說：「我來幫你！」你應該會趕緊拒絕吧。

而且會忍不住想補上一句：「都流血了，請先顧好自己的傷勢！」

這種情況就很像拿起破掉的水管注水一樣。不管引再多水，最後都從水管漏光了，注再久都不會滿。

明明自己的身心都感到不滿足了，卻仍妄想伸出援手，或成為別人的支柱，隱藏在這種行動背後的思考，就是有意無意間的自我犧牲。

那正是最徒勞的行動。

因此，最重要的是先顧好自己的身心，之後行有餘力再去擔心別人的事。

使用有破洞的水管，
絕對注不滿水。
所以首要之務是滿足自己的身心。
伸出援手這種事，
之後再想就好了。

真實的想法絕對不傷人

真實的想法不會傷人。

那是因為，真實的想法就是愛。

相反的，「真實想法」的反面是謊言。雖然內心並不想傷害對方，卻仍選擇說謊，最後只會造成對方受傷，甚至感到憤怒。

例如當別人針對某件事想徵詢你的意見：「你覺得這個怎麼樣？」儘管內心並不太認同，卻還是回答對方「滿好的啊」。這時，你想要傳達到對方內心的訊息並不是「滿好的啊」這個回答，而是說出這句話時抱持的情感。

人與人之間可以透過表情、舉止，以及態度或氣氛等各式各樣的媒介來交換情感。也就是說，語言可以說謊，語言以外的溝通媒介卻騙不了人。

如此一來，就算你稱讚「滿好的啊」，卻仍給人一種「有點說不上來呢」話中有話的猶疑感。

長久下來，對方會慢慢對你產生「這個人說的話似乎和內心的想法不一樣啊……」的表裡不一感。

人可以在不經意間從對方的言語或態度中，察覺到自己是否受到對方信賴。而「對方不願說出內心話」，就表示對方其實還沒那麼信賴你。

進一步說，人們渴望對方能夠坦率地表達內心的真實感受，而不僅僅流於客套的場面話。即便表達方式有點笨拙也無妨。

真實的想法能讓對方產生共鳴。

這也就是我在開頭時所說的，真實的想法是愛的表現。

而這分愛會喚起對方心中的某些回憶。

你和對方會因為真實的想法而產生共鳴。

正因為是內心的真心話，才能真正打動對方。

所以，最重要的是讓話語與情感達成一致，告訴對方你真實的想法。

如果你以為是真心話而說出來卻傷了別人，那你說的就不是真心話。這種時候，請再深入內心不斷追問：「這是我的真實感受嗎？」

首先要做的第一件事就是「釐清自己的心情」。

因為當內心一片混亂，不僅會不經意說錯話，也可能說出違心之論。

與自己建立連結，才能與對方建立連結。

這就是這個世界上最簡單明瞭的法則。

真實的想法是愛的表現。
所以對某人誠實
本身就是一種愛情的表現。

秉持絕對正義的瞬間，人將會不自由

我是對的。這是大多數人內心的想法。

我是對的，所以想要改變對方，想要給對方建議。

但是，「我是對的」這種絕對正義式的偏執，往往都是畫地為牢、作繭自縛。

當內心有了「對錯」，「規則」也隨之而生。每次覺得自己是「對的」的時候，束縛著自己的「規則」力道就會變得更強。這同時代表著，有所謂的「犯規」存在。

如此一來，就會認為「那樣不對，不可以！」「這樣是不正確的，不可以！」慢慢地，思考便逐漸失去彈性。

其實這個世界沒有對錯。

只是每個人各自理解事物的方式與價值觀不同。

因此，當你覺得自己的思考方式是「對的」，那不過是從父母親身上，或是透過從小接受的教育、長大後耳濡目染的文化或習得的法律等事物罷了。

舉例來說，在日本，大家覺得某人可愛時會想拍拍他的頭，可是在泰國或印度，拍別人的頭反而是一種冒犯的舉動。

在世界上某些地區，人的頭頂屬於神聖的場域，任意碰觸會被視為是種「褻瀆」而遭到禁止。

話說回來，為什麼人會覺得「自己說的才是對的」？

那是因為，「我是對的」正是弱小的自己加諸在身上的理論武裝。

本質上源於內心的不安。

真相是，這樣的人害怕相信這個世界。

於是擺出一副「我是對的」的態度來遮掩內心的不安。

所以，當你遇到主張自己才是對的人，別太認真看待，笑笑帶過就好，當然也沒必要和對方爭辯。

不過，要是內心有餘裕，也可以仔細聽聽看對方的想法。

重點在於，不管是你或對方都往後退一步，既沒有誰的想法必然是對的，也沒有誰就一定是錯的。

當你忍不住又想主張「我是對的」的時候，請試著在口中低語「啊……我又覺得不安了」「我只是想讓別人理解我不安的情緒」。這樣就能讓內心慢慢從「正確的世界」中走出來。

想要主張「我是對的」的你，
其實內心感到不安。
所以，少說一次「我是對的」，
內心就會多一分安心。

孤獨是與他人建立關係的原動力！

雖然我都對身邊的人說，打從二〇二一年春天「離婚」後，人生彷彿來到了新的起跑點。

但我得坦白說，剛離婚時，那種孤零零的感覺很可怕。事實上，內心的孤獨感相當強烈。

當時我咀嚼著強烈的孤獨，腦中忽然湧上一個疑問：「孤獨感到底是從哪裡來的？」接著我的內心浮現了意外的答案。

孤獨和「別人」一點關係也沒有。

也因此，就算結了婚，有了伴侶，生了孩子，人還是會感到孤獨。

簡單來說，「孤獨」和你身邊有多少人無關，也和別人無關。

孤獨只是從你內心產生的幻覺。

「孤獨」這種東西實際上根本不存在。

但是，即便它不存在，胸口卻仍感到沉重得喘不過氣，肌肉繃緊，呼吸也變得急促。想想實在不可思議。

即使它令人難受得不像幻覺，我也絕對不認為孤獨是負面的。

因為有了孤獨的感受，我們才會想要「與別人建立關係！」也才能去愛人。

無法理解孤獨的人，就無法理解與別人建立關係的可貴。

無法理解孤獨的人也無法愛別人，因為他們眼中只有自己的存在。

正因為有了孤獨，愛才有了原動力！

一旦從這個角度來思考「孤獨」，就會明白，即便說每個人都立足在「孤獨」之上也不為過。

因為人絕對無法獨自存活於這個世界上。

正是因為這分孤獨，你的父母才會相遇結合，然後生下了你。

讀到這裡，你還會認為孤獨是沒必要的情緒、別再出現最好嗎？

因為有了孤獨的感受，
才會「想建立關係」，
才能去愛人。

建立友好關係的第一步：「示弱」

你和親近的人之間有祕密嗎？

我的話原則上什麼都說，毫不保留（笑）。

對於不那麼熟的人，我的態度也幾乎不變。

一般人會覺得「在別人面前示弱很吃虧！」但我比較不會這樣去想，或是因此在與人往來時心存警戒。

說得更直接一點，當我在別人面前示弱或出糗，反倒會覺得「這種情況好放鬆啊」，而為此感到幸福。

這是因為所謂的示弱，其實就是將毫無防備的自己暴露在別人面前的狀態！當有人對我說「這樣就可以了」，我會覺得對方打從心底保護著我。

那讓我感到無比的安心。

願意暴露出「弱小的自己」，正是因為你打從心底接受了自己和對方。

當然，這時對方應該也會放下心防，暴露出自己軟弱的一面。

所以我認為，要和別人建立起友好的關係，提升彼此的信賴感時，首先第一步就是「示弱」。

但這並不是要你自我欺騙「軟弱一點也沒關係」。不是要你在別人面前流露出馬虎敷衍的態度，而是展現出原原本本的自己就好。

以下是我暴露出「弱小自己」的方法：

「我最近在煩惱這些事。」

「我對這件事很不拿手。」

「如果發生這種事我會很沮喪。」

當你願意透露「自己的實際狀況」，就能與對方多少拉近一點距離。

接著，對方也會出乎意料地分享他的「實際狀況」。

不過，倒也沒必要向所有人暴露自己的弱點。

例如就不須要特地告訴一些自大的傢伙。

你沒必要和所有人建立起友好的關係。

這也就是「人生中不需要的，丟了也沒關係」的一種實踐。

暴露出「自己的弱點」，
代表你接受了自己也接受對方。

擁有夢想很了不起

擁有夢想真的很棒。

但是，沒有夢想也完全沒有問題。

就算「我沒有夢想這種東西」也沒關係。

「要找出自己想做的事」「有夢最美」，千萬別因為這些老生常談，讓自己變得無所適從。

請別從裡頭找正確答案。

重點是你想怎麼做。如此而已。

如果「沒有特別想完成的事」，那這就是你當下百分之百的真實狀態。

是剛剛好，最恰當的模樣。

就算沒有夢想，還是會想聲援別人的夢想吧？而讓你想聲援的人感到喜悅，不就是自己想完成的事嗎？

我們活在這世上，會經歷不同階段。

有時候意氣昂揚地「努力朝未來前進！」但有時也會「稍微往後退幾步」。

這些都是我們在生命中的流動。

這世界物換星移，事情本該如此。

春夏秋冬四時更迭，日夜輪迴交替。

人生的流轉變化是自然的真理。

而你也像流動的河水一樣，「汩汩流動著」，只要以「一切都會變好！」這樣的感覺前行，我認為沒有夢想也無妨。

擁有夢想也好，沒有也罷。
有想完成的事也好，沒有也罷。
有喜歡的事也好，沒有也罷。
在生命的流動中好好地活在這世上，只要這樣就好。
無須與別人比較，你的生命從花蕾初現，就注定將絕美而燦爛地綻放。
而隨著時日流逝，你也將看著那美麗走向凋零。
這就是真實的人生。
在浩瀚的人生之流中，有夢也好，無夢也罷，請活出「你自己」就好。

擁有夢想也好，
沒有也罷，
你就是「你」，
這是不變的事實。

不嫉妒別人這種事，只有機器人做得到

「智子老師，妳會嫉妒別人嗎？」偶爾有人會這樣問我。

當然會！

我也是會嫉妒的（笑）！

這四十多年來，我可是深受「嫉妒」這種情感困擾呢。

但是，我現在抱著「嫉妒這種事很正常！」「畢竟是一輩子的情緒」的態度與嫉妒共處，反倒覺得輕鬆多了。

或許大家會感到意外，但嫉妒其實也是一種正面情感。

如果把「嫉妒」換個說法，其實很接近「憧憬」。

然而，嫉妒和憧憬之間最大的差異就是，「自己似乎也能得到」。

舉例來說，不太運動的人看到在奧運競賽項目中奪下金牌的選手時，會因為嫉妒而心生「我也好想得金牌……」這種念頭嗎？

無庸置疑，頂多只是抱著仰慕的心情，絕對不會因此感到嫉妒吧。

沒錯，正因為自己看起來似乎也做得到，內心才會湧上嫉妒的情感。

自己好像也能成為那樣的人，於是誕生了嫉妒這種情感。

所以，一旦嫉妒開始萌芽，形同埋下了一顆尚在沉睡的「新的自我」種子。

這也就是我的「嫉妒」使用指南，透過嫉妒這種情感，確立自己的目標方向，同時加強努力的動機。

不用壓抑嫉妒的情感，或是因此而責備自己。

不如說嫉妒這種情感絕對不可能就此消失。

我必須遺憾地告訴各位，嫉妒還是會在每一天的日常乘虛而入，所以請放棄擺脫它的念頭吧（笑）。

不會嫉妒的人簡直就是機器人。

不只如此，無論是人，甚至是狗貓，只要眼前出現比自己更受到寵愛的對象，就會感到嫉妒。

這種情感一點也不奇怪，也沒必要加以排斥。所以，不須要去責備對他人產生妒意的自己。

因為自己好像也做得到，
所以感到嫉妒。
也就是說，嫉妒之中隱藏著成為新的
自己的可能性。

人在感到不安的時候才覺得安心

「在不安中安心地放鬆吧。」

這是我從某位令人尊敬的前輩聽來的格言，也是我非常喜歡的一句話。

面對不安，什麼都不用做。

在席捲而來的情緒慢慢退去之前，就讓它在內心呼嘯吧。

你當然可以哭泣，或是大喊大叫發洩一番。

一旦你試著做點什麼，反而會加劇這股不安，陷入無止盡的循環。嚴格說起來，不安看起來確實會持續下去。是的，你只須要看著它就好。

這一切都是你腦中的幻想。

當不安的情緒升起，意識到「我現在感到不安」，只要想像自己站上高處，俯瞰那個「不安的我」就好。

像這樣靜靜地什麼也不做，接著就會察覺到情緒慢慢消失。

話說回來，容易感到不安的人，往往也是會為不確定未來煩惱不已的人。

如果要朝看不到著地點的地方跳下去，一定很害怕吧？同樣的道理，如果朝看不見的未來猛力一跳，無論是誰都會感到不安。

所以，請不要責備為此感到恐懼的自己。

這是理所當然的吧。

儘管未來一團迷霧，儘管說不出任何值得安心的理由，還是可以將手輕輕放在自己的胸口，對著內心世界的惶惶不安反覆說著「沒事的」。

感到不安的時候，其實只是想要安心而已。

所以，感到不安時對自己說的那聲「沒事的」，是擁有強大力量的話語。

因為無論面對怎樣的未來，「沒事的」都是令人安心的保證。

既然都說了沒事的，不管怎麼樣都會沒事的。
成功了沒事。
失敗了當然也沒事。
就算什麼事都沒發生、就算發生了什麼，都會沒事的。
即便無從得知未來會變得如何，最終仍會抵達「沒事的世界」。
因此，請送一句「沒事的」給自己，然後在不安中安心地放鬆吧。

把不安視為不安，內心只會更不安。
請務必告訴自己：
「無論是否感到不安，都沒事的。」
讓自己安心。

自卑情結是「愛自己」的表現

我認為正是出於自卑情結，人們才得以充分展現自身的魅力。

看著自己身上無法改變的外貌和性格，內心可能會哀嘆「我好差勁」，並且變得愈來愈不喜歡自己。可是，這種想法也是人生中可以丟掉的東西。因為那些讓你感到自卑的缺點，一定會有人對你說「我覺得那很棒」。

例如有些人會覺得外眼角下垂的「看起來很溫柔呢」，並因此產生好感；也有人比較喜歡講話直率、不拐彎抹角的人，「感覺很誠實，令人放心」。

儘管如此，很多人還是會說「都是因為我太胖，才沒有人愛我」，或是「在感情中遍體鱗傷的我一點價值也沒有！」逃避內心的自卑情結……

於是，這些人從此被自卑情結困住，活得愈來愈痛苦。

順帶一提，我自己就懷有兩個嚴重的自卑情結。一個是平胸，另一個是數學很差。如同先前說的，這兩種自卑情結明明是可以從人生中丟掉的事，我卻還是如臨大敵般緊盯著不放。

也正因為我「緊盯不放」，自卑感當然不可能消失。

但是在某個時間點之後，我逐漸接受了那些讓我感到自卑的缺點，其實「正是我的魅力所在」。

平胸是改變不了的事實。但也只有平胸才能盡情享受時尚穿搭不是嗎？這也是只有女性能創造出來的女性特質對吧？一旦接受了，意想不到的嶄新世界便就此出現在眼前。

於是我開始嘗試許多自己喜歡的服飾，也搭配不同的髮型。

而且就另一方面來說，「斷然放棄，也是一種接受」。

所以須要用到數學的時候，我會立刻投降，交給數字概念強的人就好。

說起來，人之所以懷有自卑情結，就是因為我們其實是愛自己的。就是因為愛自己，重視自己，才會因討厭自己的某一部分而感到痛苦。

「希望我能變得更好」，這就是內心「想要更愛自己」的表現。所以你無須再如此糾結，只要坦率地說出「我喜歡自己！」就好。

有自卑情結也不錯，
當你接受了自己，
意想不到的「全新世界」就會展開。

被害妄想就像字面上的意義一樣是「妄想」

「有了孩子之後就不能獨自去享受。」

「結婚之後就不能自由運用金錢。」

「不能隨時想去哪就去哪。」

這些說法是真的嗎？我認為這些基於責任感而一股腦加諸在自己身上的禁令，不過只是自己的妄想罷了。

總的來說，「不能……不可以……」這種想法，都只是自己的「錯覺」。

舉例來說，忽然聽見老公問自己「今天沒做飯嗎？」的當下，不少女性會自動轉換成「混蛋！為什麼沒做飯？」這種責備語氣對吧。

也就是說，會覺得「老公在對自己生氣」。

這種情感隱藏著「得趕快讓老公息怒」的念頭；更進一步說，隱藏的其實是

「我是個被罵的人」這種自我觀感。

於是一邊想「果然被罵了」，同時陷入「被生氣、斥責的情緒」而鬱鬱寡歡。

很多人的內心容易陷入這種被害妄想的情感，或是飽受「我老是被罵」的自我觀感所苦，他們當中大多數可能曾在孩提時期遭受嚴格的對待。

這些人長年在管教嚴格、控制欲強的父親或母親之下，成為大人後也受到了制約，「那個不行、這個不行」，給自己設下過多的禁止事項，變得相當扭曲。

如同前面的例子，當老公隨口問「今天沒做飯嗎？」他們聽見的不是另一半在說話，而是過去嚴厲的父親或母親斥責自己的聲音。

腦海中淨是被父親或母親痛罵「搞什麼，為什麼還沒做飯！」的畫面，於是受兒時情感驅動，只想趕快「當父親（或母親）的好孩子，讓對方息怒」。

所以，為了不再受到虛幻的責任感所束縛，我們能做的是：「覺察」。

又開始在想「那個不行」或「這個不行」的時候，就是覺察的好機會。然後，只要試著質疑「這些說不定只是我的妄想？」，情緒通常很快就會平靜下來。

如同前文中與伴侶的對話，在人際關係中，不妨試著單純傾聽對方說什麼，而不須要將對方的話語添油加醋。

冷靜地傾聽，是不是發現明明不帶任何情緒的話語，聽進你的耳裡後卻多了憤怒的情感？

「那個不行」「這個不行」，
腦中又是滿滿的「不行」的時候，
就是覺察的好時機。

嚴禁負面解讀

難得被稱讚了，卻彆扭地反駁「才沒有這種事呢」。

當有人問「須幫忙嗎？」卻連忙說「哪好意思麻煩」而客氣地拒絕了。

我們常會看到這種人，無論如何也難以坦率接受別人的讚美或好意。他們所表現出的不自在，其實正是源於潛意識中「對這世界充滿敵意」的心態。

就像即使被讚美了，心裡卻揣測著「該不會有言外之意吧？」當別人提議幫忙，又懷疑對方「難不成有求於我嗎？」

也就是說，這種人容易負面解讀周遭所有事物。

但是，若有人溫暖對待自己，也會希望懷著真誠感謝對方吧。

沉且，把這世界都視為敵人，不就代表自己其實是隻身作戰，身邊一個夥伴都沒有嗎……我認為這實在太痛苦，也太壓抑了。

說回我自己。就算和對方是頭一次見面，只要氣味相投，我也曾和一大票男性一同在外投宿過夜（笑）。

雖然還不太了解眼前這群人，但如果氣氛融洽，也會常常待在一起，不會表現得過於防備。

因為我基本上並不會把別人都先當成壞人看待。

當然還是可能有壞人。

但我認為善良體貼的人還是占絕大多數。這麼一想，人生也會變得更快樂。

請大家務必抱著「世界上大多數人都是我的夥伴！」的想法。

光是這樣，這世界就彷彿變得更明亮了。

此外，我也建議大家，面對任何事物或處境時，第一個反應都是「謝謝」。

不管是誰、不管對方給予自己何種幫助，第一句話絕對是「謝謝」。

如此一來，當自己因為無法坦率接受對方的好意而感到困擾之前，至少已經將感謝先傳達給了對方。即使讓人略微一頭霧水、和原本的談話不連貫，甚至不合乎當下情況都無妨（笑）。

在你打開解讀別人的開關之前，都先說「謝謝」，你的世界會因此發生什麼樣的變化呢？請大家一定要試一次看看。

雖然世上也有壞人，
但善良體貼的人絕對更多！
只要你願意這麼想，
世界就是明亮的。

「因為不順從而失禮」的謊言

守分寸，重承諾。

準時，循規蹈矩。

在這個時代，人際關係中固有的價值觀似乎正在逐漸崩壞。

「守分寸！」

「守規矩！」

像這樣過度逞強的表現，現代社會已經開始意識到，這也將迫使別人感受到同樣的壓力。

「過度拘泥於規矩」，有時也是一座令人生畏的高牆。

即便如此，我們也不能說這些價值觀應該從現實社會中消失。

所以我想告訴大家，我認為哪些規矩消失了也無妨，但哪些又是我們該謹守的分寸。

首先無庸置疑，ＴＰＯ*絕對很重要。

這也是社會上最低限度的規則與禮儀。

例如在哀悼的場合上卻穿著不合禮節的大紅服飾，或是對喪家說出失禮的話，我認為都不可取。

但是，作為一名上班族，對於「一定要遵守公司訂下的規則」的要求，我希望大家都能抱著幾分質疑的心態「真的是這樣嗎？」來看待。

因為光是我認識的上班族中，就有很多人在工作時展現「真實的自己」！

從業務端來看，當你在一群面孔千篇一律的上班族中建立起鮮明的標誌，反倒

*註：Time（時間）、Place（地點）、Occasion（場合）。

會在公司內外變得更活躍，甚至成為明星業務員。

這也是在公司內獨樹一幟，卻能帶來莫大好處的開創性員工。

從一般人的角度來看，這些人絕對不能說謹守分寸，也絕對稱不上循規蹈矩。

然而他們不僅在職場上更加如魚得水，也在人際間大受歡迎。

以我個人的感覺，就算穿運動服出席派對活動，或是頂著一頭粉紅色頭髮去上班，只要所展露出的氣質和這些鮮明的標誌不違和，我認為就很有魅力。

如果這個社會對於「真實的自己」擁有更高的接受度，我想一定很有趣。

但肯定也會有人質疑：「就算妳這麼說，守規矩畢竟還是一種禮貌，也是社會上的常識吧？」

可是所謂「禮貌」其實相當含糊不清。

在日本被視為有禮貌或得體的行為，往往是其他國家並不在意或不合常理的。

譬如去到某個國家，對當地人說敬語還會被認為很奇怪也說不定。畢竟英語中沒有「敬語」這種概念。

在中國，如果想表達自己「已經吃得很飽了！」禮貌上就要稍微剩下一點食物才行。

這一點和日本人的思考方式全然相反。

禮儀這回事，既會隨著國家或地區呈現出截然不同的樣貌，也是一種可依照人與場合輕鬆改變規則的模稜兩可的存在。

所以我在經營人際關係上，唯一重視的「禮儀」就是「尊重對方」。

簡單來說，就是不要忘記對身邊的人表達體貼與尊重的心意。

我認為只要保有這樣的心意，就絕對不可能在對方面前做出失禮的事。

而且，當我們懷著體貼與尊重之心，不僅對方感受得到，我們心中也會覺得悠然快活。

人際關係中最失禮的是，
忘了對身邊的人表達體貼與
尊重的心意。

想要被認同所做的努力，並不會讓好事發生

你在為某個目標努力的時候，動機是什麼？

如果你的努力是為了得到回報，那麼就必須小心，因為這一切的源頭都來自你的「認同欲求」。

也就是說，看起來只是單純為了某個目標而努力，實際上內心最渴望的卻是對方能夠接受、承認，並且理解「自己」。

一旦從這樣的想法出發，就容易做出過度的努力，並慢慢地感到心累和疲憊，隨之而來的也是令人不甚暢快的疲勞感。

而且，最令人頭痛的是，當這些努力過頭的人發現對方並未如自己所預期給予回報，就會陷入悲傷或憤怒的情緒，表現出只有自己受傷的委屈姿態。

單純的努力本來就不需要回報。明白對方和自己感受到同樣的喜悅，除此之外

不需要額外的情緒，如此簡單就好。

所以，我希望大家試著去觀察努力的自己，一旦察覺內心的「認同渴望」，請先停下腳步。說得更具體一點，「認同渴望」下其實隱藏著「想要溝通」的意圖。

讓我用一對夫妻來舉例，妻子往往會不滿地抱怨「都是我在做家事和帶孩子，老公一點忙也不幫」。在妻子眼中，她對家務的盡心盡力正是尋求「認同欲求」的狀態。

另一方面，丈夫又是怎麼想的呢？通常會覺得「明明自己在外面為了家人努力賺錢，妻子應該要表達感謝，而不是一味地指責或抱怨」。

就像這樣，夫妻雙方彼此都渴望在努力之後能被「認同」和「接納」。

這時該做的並不是讓自己更努力，而是盡可能告訴對方自己內心的真實想法。

不過要注意，吐露真實心情的時候切忌摻雜怒氣。

一面感謝對方所做的努力，同時讓對方理解自己的辛苦與疲倦。

只要做到這一點，就能讓對方和自己感受到同樣的喜悅，也能提升心靈的交流。

總之，當你意識到自己很想為某個目標而「努力」，請先找出這股動力背後的原因。如果發現那不過是來自內心的「認同欲求」，很可能其實你並不須要去做這件事。

出於自己的喜悅而做出單純的努力，
你將迎來舒暢且令人愉快的疲勞。

理解對方並不只是為了建立信賴關係

有多少人，就有多少「價值觀」，所以必然存在無法相互理解的人。

因此，我建議最好能放棄與每個人都維持好關係的想法。

但就算這麼想，我們有時也無法完全按照自己的意思選擇人際關係。

例如在公司，或是一些小團體中，我們都可能在無法輕易忽略對方的情況下，被對方灌輸其價值觀。

這時，你的第一個念頭就是接受其中「合理的想法」。

別太嚴肅，輕鬆應對就好。

「咦，居然也有這樣的觀點！」

這就像棒球比賽中的捕手，必須穩穩接住投來的球一樣。配合對方的節奏，在不傷害對方與自己的前提下輕鬆傾聽。

不過，此時內心也可能產生抗拒感：「我才不要！感覺自己好像輸了一樣。」這時請務必意識到，「這種反應其實也形同想將自己的價值觀或論點強加在對方身上」。

因為當你感覺到自己輸給了對方，正是你「想贏過對方」的緣故。明白了這一點，內心多少會湧上幾分寬容對方的想法吧。請讓這少許寬容的心情擴散到全身，幫助內心平靜下來。

如此一來，你慢慢會發現，自己終究只是在與勝負爭勝負罷了。

但這麼做並不是要你「任何事都迎合別人」。明明覺得不愉快，就沒必要勉強自己表現出愉快的樣子。最重要也最優先的應該是盡可能讓自己不管與誰相處、待在何種處境，內心都能保持平和舒暢。

俗話說「三十六計，走為上策」，逃跑有時才是生存的本事。
逃開了這一局，並不代表無法從容地走在其他地方。

如果有人把所謂正確的價值觀
強加在你身上，
你可以像捕手一樣，
簡簡單單地接球就好。

真正的溫柔不是照顧，是陪伴

我基本上傾向性善論，也就是採信「人之本性趨向於善」的立場。

不過，我所謂的「善」，並不是什麼正確的觀點、遵守社會上的常識、出色或高尚的事物，而是指對身邊的人所展現出的溫柔心意。

那麼對我來說，「溫柔」又是什麼呢？

我的答案是「陪伴」。

但「陪伴」並不是照顧，而是單純去關注、關懷對方的感受。

兩者之間有微妙的差異。

「照顧」與「關注」乍看可能像是同一件事，實際上卻又相當不同。

「照顧」是將對方置於自己看管範圍的一種舉動。

也就是說，可以透過這種行為來掌控對方「這樣做」或「那樣做」。

相較之下，「關注」則是相信對方本身的力量，非必要時不會表達出肯定或否定的態度，只是默默待在身邊，當然也不會試圖改變或影響對方。

重點在於接受對方原原本本的樣貌。

這就是我眼中的溫柔。

在這個名為「世界」的舞臺上，有些人愛跳民俗舞蹈，有些人則熱中於芭蕾，當然，也可能有人偏愛霹靂舞。

但無論如何，我們不可能強迫別人跳舞，而我們自己想跳的舞也不會受別人所左右。

儘管人們各自起舞，但我更想看到世上每個人都能微笑著跳舞，並且接受彼此之間的差異。

真正的溫柔是在非必要時，
不去肯定或否定對方，
只是默默關注。

透過憤怒來說服別人只不過是一種控制

我認為，透過憤怒來控制對方的做法一點意義也沒有。
因為那只是把自己的行為合理化，並且不斷指責對方罷了。
而且這麼做，也只會招來對方的怨恨。

話說回來，人是一種無法被強迫反省的生物。
也就是說，人不會因為「別人要求」而自我反省，只有在「主動自發」的情況下才會自我反省。

而且承受對方憤怒的一方，會受到恐懼等情感支配，反而會因此被激怒，導致想傳達的訊息實際上連一公分的距離都傳達不出去，最終不歡而散……

正因如此，我認為最好的做法是不要將怒氣發洩在對方身上。

雖然我請大家捨棄憤怒的情緒，但關於憤怒我有些見解。

「憤怒」之下其實隱藏著人們「想說的話」。

憤怒這種情緒中隱藏著人們內心的真實想法，例如「多關注我一點！」或是「好好聽我在說什麼！」。

比起因為憤怒脫口而出的話語，真正想傳達給對方的卻是原本藏起來的情緒。

因此，當這分心情獲得關注，憤怒有時會在瞬間平息下來。

此外，有時候表面上看起來像是在對別人發脾氣，其實是在對自己生氣。

例如可能是對自己感到失望，或是覺得自己的表現不夠理想。

不管如何，憤怒的源頭是自己，旁人一點也幫不上忙。

因此當察覺到內心的怒氣蠢蠢欲動，只有自己能陪自己走過。

「發生那種事覺得很生氣吧。」

「本來就應該是這樣的啊。」

一邊審視著內心憤怒的自己，一邊感受並理解自己真正的心情。

這就像是看見孩子在發脾氣，走上前輕輕拍拍他的頭一樣，透過撫慰，讓情緒漸漸緩和下來。

無論是對別人憤怒也好，對自己憤怒也罷，兩者共同的源頭都是隱藏於內心的想法——「想要被重視」。

所以，怎麼做才能讓對方或自己感受到被重視？倘若從這樣的立場去看待周遭，我想應該可以避免掉許多不必要的憤怒。

「憤怒」之下必定隱藏著對方或
自己的真心話或真實想法。
找出憤怒的核心，
就能輕鬆地讓怒氣平復下來。

別再說什麼「我不撒謊」這種謊話了

「別撒謊喔」，現實生活中經常聽到別人這麼說吧。

但我寧可自己說的是體貼的謊言。

例如重要的友人罹患重病。

友人對身邊所有朋友隱瞞自己的病情，唯獨將這件事告訴了我。

所以接下來，我得替重要的友人保守這個祕密。

不管誰問起，我都不該搬出「不撒謊」這個理由，擅自公開友人的病情。而我寧可撒謊也要替友人保守祕密，也正好表示了我對他的重視，不是嗎？

正因為如此，我反倒認為「我不撒謊」這種說法，其實才是一種謊言。

此外，每個人的心中都有「不想透露的自己」，關於這一點也完全無須自責。

因為任何人都有著難以言說的心事。

我自己也一樣！

雖然寫了書，卻也沒辦法將內心的一切都搬到檯面上談。

我想把某些事就此放在心底，同時，心中也有一些不願打開的抽屜。

我不認為有必要向別人提起這些事。

這就是人的生存方式。我就看過許多默默背負著內心包袱的人們。

例如前文中提到的罹患重病，或是過去對某人的不諒解，也可能是自己曾傷害過別人。

無論如何，你都不須要將自己難以對他人坦承的行為，視為向對方撒謊。

當然，心中的祕密愈少，身心愈能保持安穩。但那些你不想說的事，不妨靜靜地收藏在心底就好。

若想就此帶進墳墓也無妨，我想那就是人性幽微的深度吧。

不管是誰，
內心都默默藏著一些事。
沒有必要向他人提起。

一個超出你自身實力的頭銜反而是種阻礙

以我來說，「瑜伽老師」或「冥想導師」都是我的頭銜。頭銜這種東西，可以讓不認識我的人很快了解到「我是這樣的人」，非常方便。

所以，我非常推薦大家可以依據場合或需求，靈活運用不同的頭銜，如此一來，也可以開拓自身的可能性。

但是當頭銜成了一種「某人很厲害！」的象徵，情況又有所不同。

當人們被冠上了超出自身實力的頭銜，反而只是自找苦吃。

頭銜只是開端，一旦進入實質談話，個人的實力才能決定一切。

事實上，被要求做一些超出自己能力的事情可說是家常便飯，有時甚至得付出更多的努力。

但那些將認同欲求視為生存動力的人在面對挑戰時，會比以往更容易受到挫折，同時讓被要求的對象以及自身經歷再次傷害。

然後迎來紙糊頭像崩壞的瞬間……

的確，我們身處於緊密的社交網絡中，本來就會對自己可能只是個「無關緊要的小人物」感到不安。

所以正如先前所說，對我們來說，重要的只是一個名實相符的頭銜。

「真實的自己」和「頭銜」不需要謊言。

而且，與現在的自己保持一致，我認為這才是既不讓自己受苦，也不致困擾他人的頭銜。

當然，反過來說，也不須要忽然變得過度謙虛。

更進一步說，只要你綻放出最真誠的笑容，我相信一定會有人對你說：「有你一起努力，不論是什麼頭銜都無所謂。」

終歸來說，這就是我的看法。

你最真誠的微笑，
就是比什麼都厲害的「頭銜」。

少了「錢」卻還是富有的幸福！

好不容易買了喜歡的包包，卻又覺得「錢就這樣花掉了呢」而悵然若失。大家應該多少都有過類似的經驗吧？

但是一深究起來，就會發現這是相當不可思議的現象。

因為買包包這件事，雖然確實讓荷包本身（資產）縮水了，卻也得到了喜歡的包包（資產）。

簡單來看，這就是資產與資產的交換，自己既沒失去什麼，反過來說也沒得到什麼。

更進一步說，就是付出的資產等於收入的資產罷了。

不如說，資產其實是增加了。買到了喜歡的包包，一整天下來心情愉快，可以說實際上獲得的「資產」已經超出了包包本身的價值。

收穫了買到包包的喜悅這項「資產」後，請將內心油然升起的「感謝」，傳達

給周遭的人們，如此一來資產就會開始流通循環。這是我從《奇跡のようにお金が流れこんでくるシンクロニシティ・マネーの法則》（暫譯，奇蹟般湧入的共振金錢法則，KADOKAWA）一書作者堀內恭隆身上學習到的強大思考方式。

「這個包包的設計好漂亮。」

「設計者的巧思好棒。」

「材質的觸感讓人愛不釋手。」

「要背這個包包和誰見面呢？約在哪個地方好呢？」

於是，擁有包包的你懷著滿心期待，包包所帶來的「附加價值」（豐盛）也水漲船高。

這時你才赫然發現，自己已經被「豐盛」所包圍了。

假使以「金錢」作為尺度，的確只能以手頭有多少錢來衡量富裕的程度。然而，如果以「豐盛」來衡量周遭，世界將呈現全新的面貌。

這是因為我們能夠感受到每個人生活中所擁有的豐盛。

所以請大家以「豐盛」的角度，盡情地品味並領略超越價格的價值。

請讓你的心因此變得豐足。我們愈是去接住這樣的豐盛，就愈能感到幸福。

如果你因為花錢購物而覺得失落，就表示你容易將「金錢」作為價值觀的尺度。而當你感到失落時，也許「花錢」本身只是一種目的。

你真正重視的事物是什麼？你希望的豐盛又是什麼？請務必好好思考這一點。

用「富足」的角度看世界，
就能遇見真正豐盛的自己。

對於「要重視親情」的世俗觀心生質疑

「原生家庭的詛咒」是一種非常強烈的束縛，很多人就算長大成人之後還是深受所苦。原因之一就在於「要重視親情」這種耳熟能詳的世俗觀念。

因為要重視親情，所以聽父母的話比自己隨心所欲來得更重要，即便長大之後這種觀念還是深植在我們潛意識之中。

當然，「想要重視親情」的心意很棒，也很寶貴。

但是，我們能夠將「順從父母的意願」和「重視親情」這兩件事切開來看嗎？不如說考慮到即使成年後，還是未能從父母身邊獨立，一切仍交給父母決定的處境，反而對人生才是一種負擔。

所以，請先對於「要重視親情」的世俗觀心生質疑。只要做到這一點，人生就能往前跨一大步。

可是成年後卻仍朝夕相處的情況下，可能很難立刻改變現況。

我也不建議各位突然對父母轉換態度。

愈是逼自己逃離「原生家庭的詛咒」，反而愈容易困在親情的層層綑綁之中。

因此要注意，請不要對於感受到「原生家庭的詛咒」的自己抱著敵意。只要單純地去察覺「我有這樣的問題啊」，然後尊重自己的心情，誠實面對自我就好。這時你會逐漸發現父母與自己之間複雜交織的情感相互對抗的過程。

你可能無法立刻從令人窒息的親情中獲得解脫，但剛開始這樣就好。一點一滴不斷累積小小的覺察，就是你成為全新自己的契機。

順帶一提，我爸媽就是一般在路上最常見到的那種父母親。而我呢，則如同各位讀到現在所見，是個對於不合時宜的觀念不盲目跟隨的人（笑）。

所以，雖然我很喜歡父母，但是「順從父母的意願」這件事則是另當別論。

回到最初的話題，直至今日，我們依舊格外重視「血緣」這回事。這對於過去的我也是相當強烈的羈絆。

可是我逐漸察覺到，那不過是一種過度隨世俗價值觀起舞的潛意識想法罷了。這世上，有雖不具血緣關係卻感情緊密的家族；也有血脈相連卻充滿火藥味的家庭。

我認為，人與人之間的情感沒辦法全由「血緣」來說話，即使沒有血緣關係也可以共同建立家庭。況且，還有許多比起「血緣」更重要的事。我接受著有這樣想法的自己。

人與人的羈絆並不是都來自血緣，
沒有血緣關係還是可以成為一家人。
我是如此深信著的。

能夠「認真喜歡什麼」真的很棒

擁有認真去喜歡什麼的心意，只要這樣就很幸福了。
就像是個人微不足道的喜歡，
即使有了伴侶，你依舊可以投入全副身心去喜歡某樣事物。
就算結了婚，你還是可以開心地去追星。
這不就是在盡情享受「自己喜歡的事物」嗎？

相反的，要是搬出「我都結婚了」這種理由來自我否定，反倒會因此陷入矛盾與痛苦之中。

所以，沒必要刻意忽略內心「認真喜歡什麼」的心情，甚至因此讓情感止步，無法付諸行動。我希望大家要肯定這樣的心情。

沒有任何人能夠決定你內心的情感。

而且更進一步說，否定內心的情感，就是否定自己。

話說回來，「喜歡的心情」其實毫無來由。

它無法呼之即來，而是從心底醞釀而生。

它就是我們所謂的「喜歡」。

當你有機會遇見這麼寶貴的情感，卻斷然否定它，不是太可惜了嗎？

這就是生命的意義。反過來說，這就像是水老是在同一處流動，很快就會淤積成死水，一旦否定了內心自然湧現的珍貴情感，反而會形成不健全的情感經驗。

既然喜歡，就盡情地感受它。

感情本來就沒有好壞之分，所以自由地去感受或表現就好。即便是負面的情感，也是這個道理。

正是因為我們把這分「喜歡」視為壞事，情緒才會受到影響。而被忽視的情感最終會變得愈發強烈。

所以，愛自己就是不漠視發自內心的任何情感，並小心對待每一分心意。

請好好享受你內心的「喜歡」。

那真的是一件很棒的事！

光是察覺到內心「喜歡」的
這分心意，
就已經很棒了。
要是否定它，不就太可惜了嗎？

「沒有孩子」的許多收穫

上一個世代有著「有小孩更幸福」的價值觀。

所以直到現在，交際往來間還是很常聽見「盡早生個孩子吧」或是「還不打算生小孩嗎？」這種問候。

但以從沒有孩子的我來看，我認為不管有沒有小孩，都可以過得幸福。

當然，這並不是我在嘴硬。

這麼說的話，或許會被視為不服輸，但這可是千真萬確（笑）。

因為我們同樣可以收穫許多沒有孩子的經驗。

舉例來說，若是沒有孩子，就可以充分運用自己的金錢和時間。

此外，也不必勉強自己佯裝出得撐起一個家的成熟模樣。

父母在孩子面前總是不知不覺就擺出一副為人父母的嚴肅形象（雖然也不見得全然正面就是……），我的話就可以省下這麻煩。

旅行和飲食上也因為少了孩子「多出許多選項」。

但就如同我先前告訴各位，這並不意味著沒有孩子的人就絕對更加幸福。

而且無庸置疑的，一定也有生了孩子才得以收穫的許許多多的幸福感受。

像是親眼見證孩子的成長，或是唯有透過養育孩子才建立的人際關係等等，這段過程肯定充滿無數回憶。

有孩子或沒有孩子其實並無好壞之分。

有孩子就會有有孩子的快樂和痛苦，沒有孩子也會有沒有孩子的快樂與寂寞。

任何事情都必然存在表裡兩種面向。

有孩子的人和沒有孩子的人，只是在人生中扮演不同的角色罷了。

正因如此，我們無法片面斷言「人生不這樣就不會幸福」，而是要試著尊重每個人不同的選擇，那也是「我們都可以過得幸福」的真義。

這時會發現到，原來世界可以變得很單純。像我在面對「人生一定要這樣才會幸福」的前提時，內心其實完全沒有答案。

我打從心底認為，不管身處何種境遇，我們都能過得幸福，絕對都可以幸福。

有孩子也好，
沒有孩子也好，
不管怎麼樣，我們都可以過得幸福！

幸福的結婚與幸福的離婚

如同前文所述，我在二〇一二年決定「離婚」。

雖然曾聽過有人因為怨恨和自己分手的另一半而久久無法振作，但我從一開始就不覺得憤怒或怨恨對方。

毋寧說我覺得自己從對方身上得到了許多重要的事物，並且打從心底感謝對方。

我現在的人際關係，幾乎都來自過去的婚姻生活，那是與他一起走過，也是和別人結婚時絕對看不到的風景。

更深一層來說，我認為「離婚這件事」本身並不會導致人們不幸。

事實上，很多人正是因為離婚才變得幸福；也有很多人再婚之後才發自內心露出久違的燦爛笑容。

所以「離婚」和「幸福」與否，其實一點關係也沒有。

但在某些人眼中，卻往往會將「離婚=壞事」兩者畫上等號。

可能我這麼說有點冷酷，但若真要說起來，婚姻不過是一分「契約」。

也就是雙方約定好「在人生中攜手面對，齊心協力克服各種困難」。

夫妻倆原本各自擁有不同的價值觀與思考方式，婚後敞開心胸，看見彼此的缺點，隨著長年的相處不斷修正，一同在婚姻的道路上學習前進。

對於離了婚的夫妻而言，即意味著這段學習之路走到了終點。

因此，乍看之下離婚這回事彷彿失去了什麼，實際上卻也代表了這段日子中所獲得的學習和成長。

這當中自然也包含帶給彼此的痛苦與傷害，也許這正是夫妻間學習成長的關鍵。

如果婚姻中的學習是在經歷婚姻後才能深入體會的，即使最終離了婚，也可說那段「共度的時光」是人生必經之路。

而這些經歷都磨練著人性。

況且在這個時代，就算沒有那一紙契約，只要「我們彼此相愛」，就可說是相互扶持的夫妻。

實際上這樣的伴侶也愈來愈多了。

沒有那張紙就從此分開了嗎？還是說即使沒有那張紙也想要在一起呢？

我甚至覺得離過一次婚也不錯……（笑）。但這也是像我本身曾經歷過才會這麼說吧。

總而言之，「離婚」其實並不是一件須要大驚小怪的事，當然也絕對不是一件壞事。

「離婚」和「幸福」與否，
其實一點關係也沒有。
有幸福的結婚，
也有幸福的離婚。

大人與小孩沒有分別

某天，我和一個小學二年級的女孩在聊天，女孩的母親在旁邊看了一會兒後對我說：「智子老師擅長和孩子相處嗎？一般大人不會這樣和小孩說話唷。」我聽了大吃一驚。

那位母親的話讓我開始思考：「大人和小孩的界線是什麼？」「大家都是如何區分大人和小孩的呢？」

儘管法律上一律以十八歲來區分成年與未成年，但那不過是數字罷了。古時候十四歲就嫁人的女性也所在多有。她們能稱作大人嗎？抑或仍只是個孩子呢？

我們每個人的內心都有屬於大人的部分，也有屬於小孩的部分。正因如此，任誰也沒辦法畫出大人與小孩的真正分界。

許多大人與小孩互動時，往往會基於「因為是小孩子嘛」而採取不同的態度或口氣。我認為那就是把小孩視為「與自己並非站在對等立場的人看待」。

至於我呢，不管面對的是大人還是小孩，交談方式基本上都一樣。

因為大人和小孩都是一樣的。以內心承接迎面而來的情感，懷著愛真誠回饋。就這麼簡單。

不管對誰，這都是一場愛的傳接球。

然而，我眼中的大人不光基於身體年齡，也包括心智上的成熟度。

如果大人與小孩之間存在著分界，我想那是心智上的成熟度。

所謂成熟的心理狀態，必定是擁有能夠肯定對方的胸襟，也不會排斥與自己相反的意見，僅僅順其自然地表達理解，同時也具備足以充分表達自身見解的能力。

相較之下，孩子只是少了人生閱歷，但他們實際上所擁有的與那些毫無關係。而且對孩子來說，不僅對於多數事物的接受度高，創意也無窮無盡，就像個等待吸飽水分的海綿一樣。

大人也好，小孩也罷，其實並沒有分別，如果能從本質上相互溝通一定很愉快，還能建立起良好互動！

我如此期望著。

對方是小孩也好、大人也好，
都只是一場愛的傳接球。

不必要的忍耐與必須的忍耐

總是顧慮旁人而忍耐很多事，我認為這一點也不健康。
因為所謂的「忍耐」，其實是讓自己處在承受著討厭與痛苦的狀態。
忍耐的時候，全身會呈現高度警戒狀態。呼吸變得淺短急促，身體也變得緊繃，導致睡眠品質不佳，甚至也會因免疫力下降而生病。
這種高度的緊張與警戒會帶來莫大的壓力。

然而在現代社會，無論是公司或一般團體，所有人都在忍耐。
明明發燒還要去上班，
生理期也勉強自己工作，
接下根本不想做的任務，
這世界存在著許許多多的忍耐。

有時也會在極端的情況下，要求別人和自己一樣忍耐。

為什麼人們明明內心很清楚這樣不好，卻還是什麼都吞進了肚子裡？原因不正是日本人眼中那套「忍耐」的美德文化嗎？或許很多人覺得為了別人、為了組織，忍耐是理所當然的。

但我必須挑明，那全是謊言！豈止如此，那根本是一場騙局！

沒有人須要自我犧牲，僅僅只因為那些須要一味忍耐的事。

佛教教義中也有相同的觀點。

佛法將煩惱分為七種，稱之為「七慢」。

「慢」指的是恃己凌他，即放縱自我凌駕於他人，以致看不見事物真相之意；「我慢」是「七慢」中的一種慢，內心不斷喊著「我主張！我主張！」而造就強烈的分別心，以及利己損他之心。

也就是說，「我慢」體現了人們的「慢心」，也是一種以自我為中心的行為！
因此，從佛法的觀點來看，「我慢」既不是為了自己，也不是為了他人。

但是，當然我們也有須要忍耐的時刻。

當內心有了真正想做的事，那時候就須要忍耐。例如希望英語說得流利，就必須經歷名為學習的忍耐。

我也是這樣忍耐著學習過來的。

試著區分不需要的忍耐與需要的忍耐，我衷心期盼你接下來的每一天將不再為忍耐而承受壓力。

沒有人須要因為忍耐而自我犧牲！

老化也是進化

日本企業家澀澤榮一的孫女鮫島純子*女士今年已經一百歲，她是一位品格相當高雅的女性，我非常憧憬她。

鮫島女士活到這樣的歲數卻不為疾病所苦，仍充滿活力地過著每一天，而她的長壽祕訣就是保持良好的姿勢，以良好的姿勢走路。不管發生任何事，都懷著感激之情說「謝謝」。

有個和鮫島女士有關的小趣聞。她以前骨折的時候，在喊痛之前先脫口而出的是「謝謝」。

*註：鮫島純子女士於二〇二三年享高壽過世。

即便遇上突發狀況，比起究責，她寧可用「謝謝」兩個字讓心境轉為愉悅。

這樣的鮫島女士就是我理想的人生樣貌。

儘管即將行至一百歲，在簡單的妝容與飾品之下仍是如此美麗高雅。

我也盼望著如此老去。

話說回來，近年來社會上所推崇的就是素樸之美。

許多曾在臉部或身體上動手術留住青春的人們，如今都盡可能不染髮而維持灰白相間的髮色。

人打從出生以來就會不斷改變、成長、進化。

這就是人生「本來的面貌」。

和年齡沒有絕對的關係，充滿朝氣的過日子正是看起來年輕的祕訣。

長皺紋也好，沒有也罷，只要展現自己「本來的面貌」，肉體就能在瞬間如釋重負，接著，心才能自由。

這時，無論是臉上的表情、全身散發出的光采都充滿魅力，許多想法也都變得正面積極。

老化也是進化。

順其自然地接受自己正逐漸老去、衰弱的事實，真誠地面對自己「本來的面貌」。我想，這麼做就是在對自己說「謝謝」吧。

長皺紋也好，
沒有也罷，
只要展現自己「本來的面貌」，
肉體和心靈就能獲得自由。

CHAPTER 2

只想珍惜這件事

重視你的感性與感覺

我經常聽人抱怨「不知道自己到底喜歡什麼」。大體來說，原因就在於他們自身的感性或感覺很遲鈍。但只要磨練感性，感覺也會變得愈來愈敏銳。

換言之，若想了解自己，靠的不是「思考」，而是自身的「感性」與「感覺」。

這聽起來似乎有點困難，但接下來我將會詳細地告訴大家該怎麼做，請大家放心（笑）。

我曾在因緣際會下，從世界知名的書畫家小林芙蓉口中聽聞一則故事。

據說芙蓉老師從不逼迫她的兒子學習。

她只關注如何讓孩子磨練感性。

什麼是「磨練感性」？好比徜徉在大自然中，或是聽音樂等方式都可以。

光是這麼做，就可以教養出能獨力作主的孩子。因為這些孩子很清楚，「我因為喜歡這件事，想要這麼做，所以才選擇這麼做。」

漫步在林中，呼吸樹木的氣息，聆聽潺潺流水聲。
欣賞隨風搖曳的枝葉，伸手觸碰夜露濡溼的草花。
遠眺朝陽升起的瞬間，沐浴在夕陽的餘暉中。
在大自然中甦醒，僅透過觀察微小的活動，就能意識到宇宙的構成。
日常生活中許許多多細微的感覺，會在外界強烈的刺激下被人們忽略。
所以長時間待在戶外，不僅可以磨練感性，也能重新找回對萬物的感受。

至於住在城市裡，少有時間能去大自然踏青的人，就算只是到公園散步我也覺得很棒。也很推薦大家赤腳走路，讓雙腳直接踩在泥土地上。

此外，我也希望大家在每一天的生活中，如用餐時細嚼慢嚥，擺放碗筷時盡量不發出聲音，緩慢而細膩地做著每一個動作。

拿玻璃杯時去感受指尖的力道，靠在椅子上時則去感受與椅背接觸的背部，讓意識專注在身體的感受就好。

長期累積這些細微的觀察，感覺會變得愈來愈敏銳，意識也會在不知不覺間專注在感覺之上。情感一發生變化，當下就能立刻察覺。

最後，你將從內心深處感受到自己真正「喜歡什麼」「想做什麼」的心情。

想知道自己喜歡什麼，
不是用大腦思考，
而是去重視你的感性和感覺。

趕快去做，現在就做

如今社群網路普及，不管身處何地，人與人的連結都非常緊密。

在這樣的時代，任何人們想要做的事都可以快速實現。

因此，可能有人今天才想著「我想做〇〇事業！」明天就起跑了也說不定。

正因為是這樣的時代，人們很容易在制訂計畫的過程中發現「時代的趨勢又轉變了！」而陷入疲憊不堪的追趕窘境，導致計畫始終原地打轉。

所以，想到就去做！我認為這樣是最棒的。

一邊奔跑一邊準備其實剛剛好。

就算在路上察覺到意外狀況，也可以邊跑邊調整。

這種速度感和輕盈感相當宜人。

這就是新時代的「行動守則」。

我認為，乘著一股勁快速往前奔跑，是件很痛快的事（笑）。

首先要進入偏差值高的學校，畢業後任職於知名企業，然後結婚、生子、買房……請大家捨棄這種在你決心去做想做的事之前，得逼自己按部就班完成的傳統人生流程吧。不如說，我極力建議大家捨棄。

這是因為過去社會上普遍的常識，已經不再適用於這個時代。在這個時代，很多人是從學生時代就開始創業。

很多人也開始察覺，沒有必要去順應旁人或社會上的價值觀。

這就是這個時代的人們，遇見幸福的千百種方式。

尤其在新冠疫情之後，愈來愈多人意識到過去都在繞遠路，其實眼前就有無數條捷徑。

接下來，改變的速度只會愈來愈快。

時代趨勢與社會常識的風向本來就會不斷轉變。

所以我們既可以說新的機會不斷湧現，而與此同時，一不小心錯過了就再也不會回頭。

但大家輕鬆看待就好。

抱著輕鬆自然的心情去實現想完成的事就好。

群眾追隨一位領袖或英雄典範，依循教科書中「向右看齊」的年代已經結束了。朝著你真心露出笑容的道路，毫不遲疑地前進吧。

在這個快速變動的時代，
在你「想做某件事！」的時候，
請抱著輕鬆自然的態度趕快去做，
現在就做。

卸下內心的鎧甲

人們只要願意敞開心房，這個世界就會有愈來愈多人能夠發自內心地微笑。

這是因為敞開心房在表面上或許是向他人吐露內心真實的想法，但其實也是「承認自己」的一種方式。

可憐的我。

悲傷的我。

心痛的我。

羞恥的我。

當你願意承認這樣的自己，才能對身旁的人真正敞開心房。

話雖如此，要做到「承認」這一點其實並不困難。
只要你願意接受眼中弱小的自己，並且默默凝視這樣的自己就好。

「這就是可憐的我啊。」
「這就是悲傷的我啊。」
「這就是心痛的我啊。」
「這就是羞恥的我啊。」

簡簡單單地不封閉自我，不隱藏自我，不隨意賦予事物特定意義，觀察並認可眼前的存在。

這就是我所謂的承認。

當你不再否定自己的脆弱，連存在脆弱的自己這回事都變得如此自然。往後無論在人前人後，都能以一致的態度去面對。
甚至出乎意料地得以認識到人類的脆弱，並能夠不自覺地敞開心房。

更進一步說，能夠隨時隨地展現最自然面貌的自己，或許也將變得更有自信。

「卸下內心的鎧甲」。

這是一種信賴自己、信賴這個世界的行動，同時也是將愛給予自己與這個世界。

不再否定自己的脆弱，
連「脆弱的自己」的存在
都變得如此自然。

隨時隨地放鬆自己

雖說是突如其來的自白……

其實我平常在家喜歡光著身子活動！

這番自白說不定會引起大家的驚恐，也可能覺得好笑，但我喜歡這麼做的理由只有一個，那就是會讓我的心情變得很好！

心情變好了，身體和心靈才會放鬆下來。

當你因此徹底放鬆下來，「能夠感受到的世界」會變得寬廣，意識也會變得更加開闊。

所以我每次回到家，從浴缸泡完澡出來後就會一直保持全裸的狀態。

我覺得就這樣裸著身子鑽進鬆軟舒服的被窩，實在是至高無上的幸福。

很多孩子不愛穿衣服，喜歡光溜溜地到處跑，也是因為裸體帶來的解放感吧。

還有，不少國外女性名人或模特兒也喜歡全裸，不只是出於那分解放感，也因為常看見自己的裸體，才能讓身型朝更美的體態發展。可說是一舉兩得！

我們往往要在感到放心的安全環境下才會脫下全身衣物。毫無防備地放下心來就是最棒的解放感。待在令人安心的場所也讓人感到萬般的幸福。這意味著，全然卸下心防的我們才能擁有更多的幸福。

所以，如果各位想讓自己完全放鬆下來，我非常推薦全裸。或許有人會覺得這個建議很蠢（笑），但就當作被騙一次也好，請務必感受一次吧。

若是抗拒全裸，也可以裸下半身就好，還是能夠充分放鬆。然後不妨讓自己沉浸在喜歡的薰香中，或是播放喜愛的音樂，盡可能加入讓自己感到愉悅的元素。

對於熱愛大自然的我而言，要是能在自然環境中這麼做是最棒的！

在純白的沙灘和蔚藍的青空下，我脫去全身衣物，獨自一人在海面上悠然徜徉。光想全身就已經舒緩下來了（笑）。如今正努力寫著這篇文章的我臉上所綻放的笑容，就是安心的證明呢。

毫無防備的存在是最棒的幸福。
而最極致的狀態就是全裸（笑）。

比起「好或壞」，「愉不愉快」的感覺更強烈

我在做選擇的時候，通常不會以「好或壞」「正不正確」來作為判斷基準；相較之下，我更重視面對選擇的自己「愉不愉快」。

這是因為如果我們用「好或壞」「正不正確」來做選擇，必然會受到得失之心影響。

而在這之外還有許多因素會影響我們的判斷，好比說「習慣上是這樣」「因為大家都這樣做」等等外部觀點。

如此一來，我們就無法依照內心真實的想法做出抉擇。

當人們感到迷惘，我認為他們的心中其實已經有了Ｙｅｓ或Ｎｏ的答案。

但是隨之而生的「別人會怎麼說呢」或「說不定會讓對方不開心」等得失顧忌，反而讓人分不清到底哪個才是心中真正的答案。

正因如此，當我們把「愉不愉快」視為一種判斷基準，這樣的自問其實更有助於接近自己的真實想法。

愉不愉快是感覺性的標準。

這就像是肌膚中接收各種刺激感覺的受器，根據這個標準做出選擇，可以更誠實地追尋自己的幸福。

舉例來說，我在挑選房子或工作室時，特別會採用「愉不愉快」的標準。

人際關係也一樣，我會下意識地盡可能與「令人愉快」的對象相處，或是傾向維繫「令人愉快」的互動。

至於感覺是否愉快，基本上不外乎兩個要素：喜歡的場所或喜歡的對象。但就算過程中有些瑕疵，只要整體來說覺得愉快就好。

想要一切都稱自己的心意，無異是緣木求魚。

就連自己也擁有許多不同的面向，任何人都不可能百分之百完美。

所以，只要是超出自己預期的愉快就夠了。

當你順著自己的感覺，輕鬆做出選擇，不僅可能遇見意想不到的自己，幸運也可能意外降臨。

以「愉不愉快」來判斷時，
可以更接近內心真實的聲音。

別忘了對自己更好

人們常說要「對自己好一點」，我的話則是在平日冥想時，從潛意識中認真關注名為自己的「存在」。

然而，我想給那些「不知道怎麼對自己好」的人一個建議：請想像自己「二十四小時全天無休，持續沐浴在愛與祝福之中」。

請大家以實際的物品充分想像，就像從蓮蓬頭中灑落的水花一樣，無數愛與祝福的話語如「我愛你喔！」「恭喜你！」就此從天而降，你則盡情地沐浴在這許許多多的祝福之中。

光是如此，這所謂名為自己的「存在」就變得無比寶貴。

除了冥想，最近我常向周遭友人推薦日本第一大投資家竹田和平所呼籲的行動：「說一百萬次謝謝」。這也是對自己好的一種相當有效的方法。

竹田先生每天花三十分鐘，一年下來就達成了這個目標。

雖然我才剛開始實行，距離一百萬次還有一段差距，但據稱說了一百萬次之後，原以為的「謝謝」會出現截然不同的效果。

我才實行一段時間，身上就發生了驚人的變化。

一開始只覺得「要一直說謝謝才行」，心想既然開了頭，就有義務好好完成。

但是，我漸漸感覺自己是「自然而然想說謝謝」。

接下來，就算沒有發生讓人想說「謝謝」的事，但在不絕於耳的謝謝聲中，腦中居然冒出了一個個該說「謝謝」的事！

也就是說，「謝謝」只會帶來好事，對自己的感謝、對自己好一點的念頭也源源不絕。

結果我對周遭人與事的感謝就此源源不絕，內心對於說「謝謝」的渴望愈來愈強烈，形成了一股正向循環。

我同時發現，在心理作用下微笑也變多了。

照這樣發展下去，最後會變得如何呢……？

實在是太有趣了！

不過，有一點要非常注意。

在持續「說一百萬次謝謝」的過程中，會陷入一段時間的沮喪情緒。

雖然口中不住說著「謝謝」，但當下內心與話語背道而馳，潛藏心底的黑暗之物如潮水般不斷襲來。

於是內心變得痛苦而掙扎，然後轉為挫敗感。

但這是每個人必經的道路，不是只有你會這樣。

所以請安住自己的心，不要放棄，繼續實行。

懷著感謝的心意本身
就是對自己更好的行動。

最悲傷的事

湧上心頭的情緒和念頭，沒有一個是不好的。

憤怒也好悲傷也好，厭惡也好嫉妒也好。
那些被視為負面的情感，全都是為了讓你覺察的寶石。

儘管如此，我們還是會因為痛苦而逃避負面的情感，並且試圖擺脫它。
因為那就像是強迫自己憋著不排出肚子裡的氣體一樣難受。

所以，為了讓這些負面情感轉變為寶貴資產，就須要將它從內心取出來。

例如我感到悲傷的時候，會讓自己被悲傷的感受所包覆。

放聲大哭也無所謂。

不須要勉強自己微笑，或是佯裝沒事出去玩，就這樣讓自己待在悲傷的暴風雨之中。

剛開始，暴風雨打在身上很痛。

絕對不是愉快的感受。

但是慢慢的，悲傷復悲傷，等內心來到悲傷的頂點時，我們才能真正進入悲傷的核心。

那裡就像颱風眼一樣平靜。

沒錯，起先內心的感受宛如狂風暴雨，不知何時世界全然安靜了下來。

這表示「悲傷」暫時告一段落。

於是，便可以靠著自己的力量度過悲傷，這也將使你更有自信地對自己說「沒事」。

「就算負面情感再一次襲來，我也能安然度過！」

「就算感到悲傷或憤怒，我也會沒事的！」

漸漸的，你將能夠以溫柔的目光來看待內心的負面情緒。

所以當負面情感來襲，請不要猶豫，直面它。

你會在那其間感受到意外的平靜。

那些被視為負面的情感，
都是讓你自我覺察的寶石。

放下那些你不需要的

兩手都提著重物時，想要立刻變得輕鬆的方法就是：

放下手上的重物！

咦？這不是很理所當然的事嗎（笑）？

可是，大部分人雖然想著「我根本不需要這些」「我想要放手」，卻不知為何仍牢牢抓著重物不放。

尤其是「人際關係」。

例如與「媽媽友」*。

儘管許多母親在與「媽媽友」的互動上感到不愉快，卻擔心斷然拒絕聯繫會「對孩子造成不好的影響」。

如果你也面臨同樣的狀況，要跨出的第一步就是：承認「想要放下這段關係」的自己。

然後請大大讚美「想要放下這段關係」的自己。

只要這麼做，就能跟想要一刀兩斷的人一刀兩斷。

不過，若光是這樣仍難以斷絕關係，或許可以進一步從邏輯上來思考這件事。

與「媽媽友」之間的關係變差，真的會對孩子造成不好的影響嗎？

這和「我要是不好好維繫這段關係，孩子肯定會遭殃！」其實是一樣的意思。

這也表示，你完全不相信孩子本身所擁有的能力。

*註：「媽媽友」（ママ友）為日本當前的一種社會現象。多數日本女性因為結婚而辭去工作成為全職主婦後，出於交換資訊，以及情感上相互取暖、消解壓力等目的，而與社區中的母親們群聚組成的團體。

我這樣說可能稍微嚴厲了一點，但請相信孩子本身所擁有的能力。

然後，在當一名母親之前，請先讓身而為人的自己獲得幸福。

我認為這麼做非常重要。

如果你打從內心「想要放下這段關係」，那麼當你真的放下了，人生也絕對不會因此變得多混亂或不順遂，對吧？

因為人們不會有意識地去放棄他們內心認為重要的事物，所以真實的想法其實是「應該要放手了」。

學習放下，是讓自己變得煥然一新很重要的過程。因為這會帶來嶄新的可能性，所以請積極地迎向它。

「放下」與「失去」，兩者之間的意義截然不同！

當你想要放下這段關係，
表示就算你放下了，
人生也絕對不會變得不順遂。

身心合一

緊張的時候，心臟會撲通撲通狂跳。

沮喪提不起勁的時候，胸口會變得緊繃疼痛，胃也會出現沉重感。

相較之下，心情大好時全身輕盈如燕。

內心的情緒或情感，很快會經由身體表現於外。

因此，我們了解到「內心狀態」和「身體狀態」其實緊密相連。

所以我們可以讓身體狀態，成為覺察內心狀態的基準。

也就是說，以身體狀態為基礎，來掌握內心狀態。

例如「現在的呼吸變得短淺，表示內心很焦慮」，或是「當腹部周圍感到緊迫，代表心情很緊張」等等的判斷。

這麼做可以讓意識更加關注身體狀態，並且主動覺察身體變化＝內心變化。心理學上也很常運用這種技巧，藉由諮商時觀察諮商者的肢體變化，判斷其內心的想法與情感。

我們可以透過掌握身心對彼此間的影響，讓身體成為撫慰內心的管道。

要領在於，讓身體放鬆，心就能放鬆下來。

相信大家都曾經藉由按摩讓身心變得舒緩，可見這確實是一種實際的感受。

從身體覺察到負面情感時，並非用心來解決心的問題，而是透過讓身體放鬆，平復內心的狀況。

做伸展，或是散散步，避免讓身體維持在緊繃的狀態，心就能平靜下來。

我也很推薦像是編織或做菜這類活動雙手的消遣。

在此也和大家談談日本的禮儀。

像是恭敬地鞠躬、挺直背脊跪坐等行為本身，就是一種神聖的儀式。而此時全身彷彿灌滿了神聖的能量般。

當我們嚴謹地遵守禮儀，不僅可以調節身心平衡，全身的緊張感也會瞬間消失，許多表現都會變得更好。

至於用餐時的「我要開動了」，也不只是單純地將手掌合十。請務必意識到兩隻手掌貼合的感覺。光是指腹觸及指腹的感覺，就能讓人感受到能量的流動。

而這時，自行合而為一的心與身體，將讓你覺察活在當下的美好。

身體放鬆了，心也鬆了。
心舒緩下來，身體就和緩了。

要動就要休息

好好休息，就是愛自己！

而且為了充分地動，好好休息相形之下顯得更為重要。

但很遺憾，我們都非常清楚，「休息」其實一點也不簡單。

以我來說好了，我過去非常喜歡睡覺，可說是「把睡覺當興趣」，要我睡多久都行。

可是現在手機普及，不管要聯絡誰抑或在任何時間場所，我們只要想就可以輕鬆聯繫上彼此。這導致了我們隨時都可能被工作訊息轟炸，規律地睡覺也變得愈來愈難。

想必很多人也和我一樣，發現想要睡飽成了生活中的一道難題。

而且就算睡眠時間夠，大腦也不見得能獲得充分的休息。

因此，像是不要把手機帶上床、睡前避免喝過量酒精、室內保持黑暗等等促進睡眠品質的基本工夫自然少不了……

我非常推薦在一天之中「安排一段不用腦的時間」。

安排一段不用腦的時間，才能實現真正的「休息」。

停止思考吧。

不妨試著讓自己面壁而坐，眼中只有那面牆壁。

這個方法可是認真的。請盯著那面牆壁發呆吧（笑）。

當停止思考，腦中喋喋不休的雜音也會隨之消失，身體才能獲得真正的休息。

此外，「接觸泥土」也是促進休息的好幫手。

像是田間作業或園藝等休閒活動，既可以透過接觸泥土排除身體的電磁波，同時也是一段不用腦的時間。

沙子也擁有極佳的排毒力。進行沙浴療法能排出體內積累的毒素。就像到海邊玩，雖然沒有下去游泳，當天晚上還是可以一夜好眠，我認為是頗有成效的方法。

當然，如果能夠游泳活動筋骨，也能帶來相當好的淨化作用。

請大家務必將自己當作「在陽光下反射出晶瑩光芒，作工細膩的琉璃」，加以慎重對待。

對身體的這分愛，一定會回到你身上。

仔細照看自己，
這分愛一定會回到自己身上。
所以請好好休息，善待自己。

說出自己的想法

請恕我斗膽直言。

說出自己的想法，絕對不是任性、不顧慮旁人的行為。

很多人會覺得「說出自己想法」的人過於自以為是，我認為這是因為大家太在意別人的看法。

過度窺探別人的臉色，可能已經是現代人改不了的癖好。

比起自己想做什麼、想說什麼，反而更在意別人怎麼想。

說到為何人們往往不願發表「自己的意見」，我認為是因為過去我們總被告誡「不能發表自己的意見」的緣故。

就像小時候，每當對父母說：「我想吃那個！」就會引來父母責備：「別淨說些任性的話！」

若換作在學校，只要表示「我想做那個」，老師也會高喊：「不可以破壞秩序！」

這些過往經驗在你的內心烙下陰影，使你因此建立起「說出自己的想法＝任性、不顧慮旁人的行為」這種刻板印象。

大家往往會將這種「任性、不顧慮旁人的行為」，視為一種自以為是的自我本位思考。

不過前面提到的例子中，若是為了吃到自己想吃的東西而大哭大鬧，企圖掌控身邊的人的行動，才是真正的任性。這種行為自然無法被接受，也應該極力避免。

然而，「想要更……」「想要實行〇〇」「不想做〇〇」卻只是你內心真實的想法，同時也蘊含著相當重要的心情。

那絕對不是自以為是。

如果之後有人一臉憤慨地責備你「別自以為是！」，不妨試著這樣思考。

這些人想必總是將內心話藏在心裡。

明明該傳達的心情，卻怎麼樣也說不出口。

藉由對他人的憤怒來掩飾內心的真實想法，實際上正是因為自己很痛苦。

而當你反過來察覺身邊「自以為是」的人，說不定會因此想到自己的困境。

畢竟你也可能和那些人一樣，在不知不覺中藏起了內心真實的想法。

就當作被戲弄也好，請試著模仿「自以為是」的人吧。

你將會出乎意料地發現，這麼做並不會帶給任何人困擾，而且最重要的是，能夠從中獲得解放感。誠心推薦大家這個做法。

「自以為是」和

「說出自己的想法」

是全然不同的兩件事。

而且那些想法，

正是你發自內心重要的心情。

有時候逃跑也可以

當危險逼近自己，應該沒有人會待在原地不動吧。好比獅子都已經張開血盆大口了，想必任何人都會當場逃之夭夭（笑）。

同樣的道理，我們有時在社會上也會遇到攻擊自己的人，我認為這種時候逃跑也沒關係，而且本來就該逃跑。

那麼，為什麼還是有人決定待在原地呢？一來可能是覺得逃跑即示弱的表現，或是基於自尊心而錯過了逃跑的時機。

這種情況可能在職場上更為常見。

罔顧自身的感受，一切都是為了公司、為了客戶，做到大粒汗、小粒汗，到頭來只剩自己被折磨得不成人形。

倘若以這種人為例，要考慮的已經不只是「逃跑」，而是「全面撤退」吧。

「再這樣耗下去，情況會變得如何？」

當你都想到這一層了，卻還是對未來有所期待，那就繼續做下去吧。

但要是你覺得自己顯然快崩潰了，請立刻轉身退出。

這麼做並不是出於積極或消極的心態，而是採取平靜的態度面對。

如果你還是覺得自己的賣肝人生可以帶給身邊的人幸福，我必須遺憾地告訴你，這完全是誤會。

看到你爆肝工作還覺得幸福的人，本身就有問題，要不就是根本不在乎你。

至少若換作是我，對於熬夜加班的你可是一句「加油！你好棒」這種話都不會說……

在那種人身邊工作，我敢向你保證，你絕對不會獲得幸福。

不懂得珍惜你的人，也沒有珍惜的必要。

雖然內心強烈的責任感會讓你難以下決定，但我樂見你將心力少放幾分在責任感上，而是多多關注「自己的幸福」。

因為任何人都該對自己的幸福負起責任。

已經身心俱疲卻不逃離現況，
埋頭苦幹，
無論對他人、
對自己都是一種不幸。

好好討厭一個人

似乎很多人都抱著「不要討厭別人」這種想法。
好像討厭誰就是做了壞事一樣。

可是，我認為「很討厭」其實就是「很喜歡」。
真的覺得「討厭」的時候，才能首度察覺討厭之下的「愛」與「喜歡」！
反過來說，要是刻意忽略討厭的感受，就絕對無法抵達愛的領域。

必須補充一點，就算我說「討厭其實是喜歡喔」，大家聽了若只應和著「這樣嗎？雖覺得討厭，說不定我其實是喜歡他的」，光是嘴上隨意說說可是不行的。
因為唯有你真正感到討厭的時候，才會深深地喜歡上！
而且，當然不能略去這個過程（抱歉稍微激動了點）。

讓我用「討厭」夥伴或朋友的情況來舉例吧。

這時通常是對另一方感到不滿。

可是在大部分情況下，我們並不知道自己為何不滿，只隱隱覺得滿肚子火。

正因如此，假使想了解自己「到底討厭對方哪一點」，充分感受對方的討厭是絕對必要的。

然後在你真心感到憤怒或真心陷入悲傷之後，你會明白內心真實的感受是：

「因為沒有被珍惜而感到悲傷」。

從這個例子來說，何以會如此悲傷呢？正是因為喜歡啊。

愈是覺得討厭，討厭之下所沉睡的就是愈深刻的喜歡。

所以覺得「討厭」某人的時候，請好好地去討厭他吧。

討厭的話，就試著努力去討厭。

愈是真誠地表達出「討厭」的感受，就愈能真誠地「喜歡」一個人。

人就是一種如此幽微難解，又如此深深去愛的生物。

人也好，物也好，
真心地討厭之後，
就能真心地喜歡。

與未來的自己對話

感覺生活不太順遂，或是漫無目標的時候，為了讓內心恢復平靜，我認為傾聽未來自己的話語，並朝自己說一聲「沒問題的」，會是很好的做法。

懷抱夢想的人往往會在潛意識裡這麼做。

很多人在遭遇挫折或是對未來感到不安的時刻，通常只和過去同樣不順遂的自己對話。

「反正又會失敗」「不可能會順利」，這時內心會竄出一連串打擊士氣的話語。

可是，過去如此，不代表未來也會如此。

就算失敗了一千次，第一千零一次還是有很大的機會挑戰成功。

所以，透過在未來展開第一千零一次挑戰的自己口中那聲「沒問題的」，就可以消弭當下對未來的不安。

有很多方法能夠幫助我們去意識到未來的自己。

「一年後的自己」

「三年後的自己」

「〇〇年後（喜歡的未來）的自己」

如果剛開始嘗試，不妨像這樣先設定未來的自己的時間軸，然後經由實際上的行進或在冥想中想像來實行。

我們在描繪未來的願景時，必定會有獲得成功或幸福的自己，當然也可能有挫敗的自己。

但那都是還沒發生的未來。而未來的自己會變得什麼模樣，是由當下的自己所決定。因此，只要不是自虐的人，我想都會選擇「因為成功而微笑的自己」吧（笑）。

請將注意力放在「在未來道路上微笑的自己」，讓它與當下的自己逐漸交疊在一起，然後傾聽他對自己說「沒問題的」。

雖然只是簡單的一句話，但當你意識到未來自己的存在，身處於「當下現在」時間軸的你的步伐也會隨之變得輕盈。

從我的個人經驗觀察，人們所擔心的未來幾乎都不會發生。為了不再白白浪費寶貴的「當下」，請大家朝著相信未來的道路堅定前進。

「未來」成功的你送給自己的
「沒問題的」，
讓「現在」的你努力的腳步
更加輕快。

與其被愛，不如去愛

「愛是主動的。」

我很認同友人吉武大輔這番話。

雖然愛本身常被歸在被動的立場，但其實愛具有主體性。

更進一步說，雖然我們可以透過被愛去理解愛的存在，但愛人的行動，才能讓我們初探愛的本質。

也因此，儘管被愛真的很美好，但是那還不夠。

想要了解愛真正的意義，第一步就是去愛。

然後一切才會開始。

但是，「去愛」並不是一切的解答。

愛並不只是讓對方感到快樂。有時也會將對方推開。

像是信任對方的成熟而不插手，或是故意在對方面前扮黑臉。

即便知道會被討厭，還是提出嚴苛的建議。

自己的存在就像是一張映照出對方的鏡子。

察覺到對方對自己的愛，也是愛的一種表達方式。

無論是誰都做得到，「愛一個人的行動」是地球上獨一無二的！

所以不斷想著對方的事，想了又想，想得無法自拔，也是愛的行動。

我剛開始學習什麼是「愛」的起點，是我在沖繩的一場不可思議的邂逅。那位美國人叫做 Mr. Love。他就如同他的名字，與生俱來的使命就是讓愛能夠傳達到另一個人的心裡。

我仔細聆聽了 Mr. Love 對愛的一番見解。

他說：「要能夠去愛，首先要跨出的第一步就是明白什麼是愛。然後，不只是懂得去愛，也要經歷被愛與不被愛。」

聽完之後我說：「無論是被愛或不被愛，都攸關著愛人。不放棄被愛則是一切的起點，比什麼都來得珍貴。」在你嘗試主動去愛的前提之下，必然會孕育出愛。

想要明白愛真正的意義，
第一步就是去愛。
那恰恰是一切的起點。

尋找微小的幸福

和自己喜歡的人們，待在喜歡的地方，與大家相處的過程中讓愈來愈多人變得幸福；再與那些人共同分享喜悅，一同愉快地享用料理。

這就是我眼中清晰可見的幸福。

……沒錯，只是這樣。很平凡吧（笑）。

然而，不光是我這麼想，當人們被問到：「對你來說，幸福是什麼呢？」出乎意料的，答案幾乎都是和我一樣乍看是微不足道的小事。

反而像是住在能飽覽美麗夜景的高樓大廈，或是駕駛名車這類奢侈念頭。雖然可能列在期待有朝一日實現的夢想清單，但幾乎不是人們眼中的「幸福」選項。

所以，許多感受不到那些微小幸福的人們，其實只是把幸福的跳欄調得太高。

只是因為如此，就錯過了將日常生活中幾乎難以察覺的微小幸福，放入「幸福」清單的機會。

人們深信幸福是更遙遠美好的事物。

但我認為這麼想太可惜了。

因為發現愈多微小的幸福，內心會愈感喜悅，幸福感也會不斷積累。

而最終將迎來莫大的幸福。

雖然是老生常談了，但對於眼前自己所擁有的事物懷抱深深的感謝，也可以提高幸福度。

有住的地方。

有吃的東西。

有空氣。

有水。

有衣服穿。

你將會赫然發現許許多多人們過於習以為常、幾乎忘了那也是生活中幸福來源的每一個微小幸福。

此外，我也時常會進行冥想，從內心向整個身體表達感謝。

可以的話，我想請大家跟著我一起冥想。

首先，將意識移向指尖，想像你的手指能夠做到的事。

拿起杯子，喝著喜歡的咖啡。

碰觸自己喜歡的事物。

撫摸喜歡的人。

拿皮包、彈鋼琴、下廚做菜。

寫文章。

轉開水龍頭。

揮手道別、招手叫人過來、談話間比手畫腳。

能做到這麼多事，都是手指的功勞。

能擁有雙手真是太好了。

謝謝。

謝謝。

謝謝。

像這樣一個接一個，眼睛、鼻子、嘴巴、耳朵、腳……讓全副意識專注在身體的各個部位。「我的身體好厲害，謝謝你們！」自然而然對自己湧上滿滿的感謝。

獲得幸福其實一點也不難。

若是做不到，讓幸福離自己愈來愈遙遠的無非是你自己。

在受到如此豐盛恩賜的世界，在這個充滿愛的世界，只要你願意去尋找，幸福就在眼前。

因為微小幸福而感受的喜悅，
最終將迎來莫大的幸福。

結語

謝謝大家陪伴我讀到最後。

「人生中不需要的，丟了也沒關係的東西」，你找到了幾個呢？

此外，你是否也發現了一些自己「想珍惜的事物」呢？

但是，書中所寫的都是我的答案。

所以你在閱讀過程中，可能有時候會覺得不認同，「我認為那樣不對」或是「再多做一點更好吧？」但毋寧說，我更打從內心期盼你來否定這些想法。

因為，這表示你也試圖說出內心真實的想法。

人們心中有各式各樣的答案。每個人都有「人生中不需要，丟了也沒關係的東西」，也有「唯一想珍惜的事物」。這樣就夠了。

最後，我有一個「人生中不需要，丟了也沒關係的東西」想與大家分享。
那就是「追求唯一的幸福形式」。

這世上有喜歡呼朋引伴的人，
也有獨處才覺得自在的人。
有愛好旅行的人，
也有戀家的人。
有明確表達心意的人，
也有默默傳遞溫柔的人。

幸福的形式沒有唯一正解，你也有專屬於自己的幸福形式。而我們根本不可能去定義「何謂幸福」。

所以，請將自己的感受愉快與否，放在內心最優先考慮的位置。

只要你願意重視內心愉快的感受，絕對會遇見好事！微笑的日子絕對會來到！

我如此深信著。因為，那是從你腳下展開唯一的「前行之道」。

這和年齡完全無關。而是和環境，以及你至今所經歷的一切有關。

無論何時，都能因為感受到幸福而露出微笑的人們，他們的笑容來自於所跨越的無數「失去笑容的過往」。而我從自己的經歷發現，人生中所形成的空洞可以成為治癒自己和他人的力量。

所以你絕對沒問題的！無論何時，人們都可能獲得幸福。

最後，我想向長期支持 Tomoko 活動的鈴木幸一先生、

工作和生活中都給予我許多幫助的穴口惠子女士與 Dynavision 這個大家庭、

深愛著我的思考源頭「心屋」的各位、

齋名智子線上沙龍的會員們、

堀內恭隆先生與「synchroom」生態系所有成員，以及岸田健兒先生與山本時嗣先生，表達我由衷的感謝。

在你活出真正自我的道路上，我盼望這本書的存在本身也將成為你「人生中丟了也沒關係的東西」。

齋名智子

Note

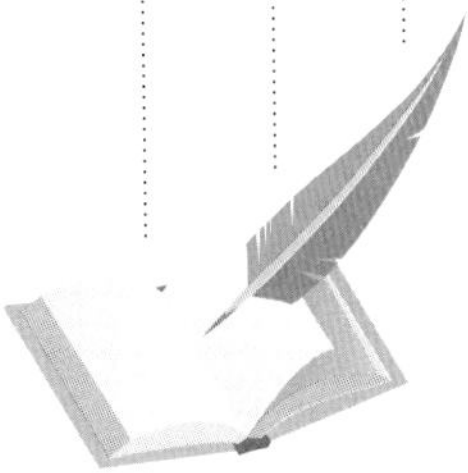

想做什麼就去做：在這只有一次的人生中,活出你想要的樣子/齋名智子作；周奕君譯. -- 初版. -- 新北市：世茂出版有限公司, 2024.08
面；　公分. -- (心靈叢書；26)
ISBN 978-626-7446-22-5(平裝)

1.CST: 人生哲學 2.CST: 自我實現

191.9　　　113008268

心靈叢書26

想做什麼就去做：在這只有一次的人生中，活出你想要的樣子

作　　者／齋名智子
譯　　者／周奕君
主　　編／楊鈺儀
編　　輯／陳怡君
封面設計／林芷伊
出 版 者／世茂出版有限公司
地　　址／(231)新北市新店區民生路19號5樓
電　　話／(02)2218-3277
傳　　真／(02)2218-3239（訂書專線）
劃撥帳號／19911841
戶　　名／世茂出版有限公司　單次郵購總金額未滿500元（含），請加80元掛號費
世茂官網／www.coolbooks.com.tw
排版製版／辰皓國際出版製作有限公司
印　　刷／傳興彩色印刷有限公司
初版一刷／2024年8月

I S B N／978-626-7446-22-5
E I S B N／9786267446218 (PDF)9786267446201 (EPUB)
定　　價／340元

Hontou Wa Nakutemo Iimono
Copyright © Tomoko Saina, 2022
Originally published in Japan in 2022 by Sunmark Publishing, Inc.
Complex Chinese translation rights arranged with Sunmark Publishing, Inc., through jia-xi books co., ltd., Taiwan, R.O.C.
Complex Chinese Translation copyright (c) 2024 by MOOK PUBLICATIONS CO.,LTD.